만화
정약용과
그의 형제들
2

참고자료

손택수, 정약전 원저, 『바다를 품은 책 자산어보』, 아이세움, 2006.
박영규, 『조선사 이야기 3』, 주니어김영사, 2003.
정민, 『미쳐야 미친다』, 푸른역사, 2004.
이이화, 『한국근대인물의 해명』, 학민사, 1985.
수원시 홍보책자, 『세계문화유산 – 수원화성』.

KI신서 4134

정약용과 그의 형제들 2

1판 1쇄 인쇄 2012년 7월 20일
1판 1쇄 발행 2012년 7월 26일

원작 이덕일 **글·그림** 탁영호
펴낸이 김영곤 **펴낸곳** (주)북이십일 21세기북스
부사장 임병주
MC기획1실장 김성수 **BC기획팀** 심지혜 장보라 양으녕 **해외기획팀** 김준수 조민정
출판개발실장 주명석 **편집1팀장** 박상문 **책임편집** 조유진
디자인 표지 윤정아 **본문** 정란
마케팅영업본부장 최창규 **마케팅** 김현섭 강서영 **영업** 이경희 정병철
출판등록 2000년 5월 6일 제10-1965호
주소 (우 413-120) 경기도 파주시 회동길 201(문발동)
대표전화 031-955-2100 **팩스** 031-955-2122 **이메일** book21@book21.co.kr
홈페이지 www.book21.com **블로그** b.book21.com **트위터** @21cbook

ⓒ 탁영호, 2012

ISBN 978-89-509-3891-8 03900
         978-89-509-3907-6 (세트)
책값은 뒤표지에 있습니다.

이 책 내용의 일부 또는 전부를 재사용하려면 반드시 (주)북이십일의 동의를 얻어야 합니다.
잘못 만들어진 책은 구입하신 서점에서 교환해 드립니다.

만화

정약용과
그의 형제들

원작 **이덕일** | 글·그림 **탁영호**

2

21세기북스

머리말

　탁영호 화백의 솜씨로 되살아난 만화 『정약용과 그의 형제들』을 대하니 이 책을 처음 쓸 무렵의 일이 생각납니다. 그때 나는 지인들과 함께 정약용 선생을 중심으로 세 형제와 그 가족들의 흔적을 찾아서 전국 방방곡곡을 돌아다녔습니다. 역사서는 머릿속의 지식만으로 쓰는 것이 아니라 사료를 대하는 뜨거운 가슴과 현장을 다니는 부르튼 발로 함께 쓰는 것이기 때문입니다. 그렇게 쓴 역사서만이 시간과 공간의 제약을 뛰어넘어 생생하게 살아 움직일 수 있다고 생각합니다. 대부분의 답사는 답답한 도시를 벗어나서 시골과 자연 속으로 들어가는 일이기 때문에 몸은 고달파도 마음만은 즐겁습니다.

　그러나 정약용 형제의 흔적을 찾아다니는 길은 그리 즐거운 일만이 아니라는 사실은 짐작하고 있었습니다. 세 형제가 모두 순탄하지 못한 삶을 살았다는 사실을 잘 알기 때문입니다. 사실 정약용 형제의 흔적을 찾아다니는 길은 짐작했던 것보다 훨씬 괴로운 여정이었습니다. 발이 힘들어서가 아니라 마음이 힘들었기 때문입니다. 정약용 형제의 흔적을 찾는 길은 그 시대의 비극과 마주서는 일이었습니다. 그들은 그 누구도 해치거나 그 누구도 해롭게 하지 않았습니다. 오히려 누구보다도 그 시대의 사람들을 사랑했고, 그 시대의 학문을 사랑했고, 무엇보다 그 시대를 사랑했기에 잘못된 것을 바꾸려고 노력했던 사람들이었습니다. 그럼에도 삼형제는 정조의 죽음과 함께 비참한 나락으로 떨어져야 했습니다. 정약종 선생은 목이 잘려 죽어야 했습니다. 정약전 선생도 남도의 섬 우의도에서 유배 16년 만에 쓸쓸하게 죽어가야 했습니다. 정약전 선생이 유배 가서 아이들을 가르치던 흑산도 사리 앞 바닷물이 슬프도록 맑은 것은 그의 쓸쓸했던 인생이 투영되었기 때문일 것입니다. 유배에서 돌아온 후 고향에서 조용히 생을 마친 정약용이 그나마 가장 편안한 삶을 살았던 셈입니다.

그래서 이 형제들을 비극적 운명으로 몰고 간 그 시대의 구조에 대해서 써봐야겠다는 생각을 하게 되었고, 그 결과 발간된 책이 『정약용과 그의 형제들』이었습니다. 『정약용과 그의 형제들』에 정약용과 그 형제들의 개인적 삶뿐만 아니라 그 형제들을 비극적 인생으로 몰고 간 그 시대의 구조에 대해서 서술하게 된 것은 이런 이유 때문입니다.

지금 우리 사회는 정약용 형제를 박해하던 그 모습에서 얼마나 달라져 있는지 생각해봅니다. 정약용 형제는 인생에서 실패하고 역사에서 승리한 사람들입니다. 정약용 형제가 지금 살아 있다면 과연 인생에서도 성공할 수 있을까요? 불행하게도 선뜻 '그렇다'고 대답하지 못하는 것이 현실입니다. 어떻게 보면 잘못된 구조를 바꾸려고 노력하는 그 자체가 인생이고 인간의 가치이기 때문입니다. 그런 인생에서 배우는 것이 더욱 크듯이 우리의 노력으로 이 시대가 전 시대보다 조금이라도 더 나아질 수 있다면 거부할 수 없는 길일 것입니다.

탁영호 화백의 손끝에서 재탄생한 『만화 정약용과 그의 형제들』은 어린 시절을 떠오르게 합니다. 더운 여름날이면 시원한 나무 그늘 아래서, 추운 겨울날이면 따뜻한 아랫목에서 만화를 보곤 했습니다. 어쩌면 내 어린 시절의 지식은 대부분 만화에서 얻은 것인지도 모릅니다. 이제 이런 묵직한 주제까지 만화로 재창작되는 것을 지켜보면서 역사는 풍부해지고 넓어진다는 생각이 듭니다. 원작은 원작대로, 만화는 만화대로 다 자기 생명력을 갖고 있습니다. 그런 생명력들이 모여서 우리 인생과 우리 역사를 보다 풍부하게 만드는 것입니다. 이제 만화로 새롭게 세상에 첫발을 딛는 『정약용과 그의 형제들』이 원작 못지않은 사랑을 독자여러분에게 받을 수 있기를 바라 마지않습니다.

원작자 **이덕일**

| 차례 |

머리말 _ 4
등장인물 _ 8

제1장 지방관으로

1. 노론의 대공세 _14
2. 성호 이익 추모 학술대회 _27
3. 이존창을 체포하다 _42
4. 당초 서학에 물든 자취는 아이의 장난과 같았다 _47
5. 곡산 부사 _55
6. 끝없는 사건들 _84

제2장 구시대로 회귀하다

1. 귀경 _106
2. 정조, 의문 속에 사망하다 _148
3. 여유당을 지은 뜻 _162
4. 대박해의 문 _169

제3장 하늘에 속한 사람 정약종

1. 모든 양반이 배교할지라도 _178
2. 정학으로 알았지 사학으로 알지 않았다 _183

제4장 어둠의 시대

1. 전멸하는 남인들 _210
2. 계속되는 비극들 _214
3. 죽음의 땅 국청에서 _220
4. 귀양지 장기에서 _234
5. 황사영백서 사건 _250

등장인물

정재원(丁載遠:1730~1792)
정약용 형제의 부친으로 영조 38년(1762) 생원시에 급제했고, 대과(大科)는 보지 않았으나 음보(陰補)로 지방관에 나가 진주 목사로 있던 중 사망했다. 첫 부인 남씨가 장남 약현을, 후취 윤씨가 약전·약종·약용과 이승훈의 부인이 된 딸을 낳았다.

정약현(丁若鉉:1751~1821)
정약용의 이복 맏형으로 정조 19년(1795) 진사시에 합격했으나 벼슬에는 나가지 않았다. 자신은 천주교도가 아니었으나 첫 부인이 이벽의 누이였으며, 딸 명련(命連)은 황사영과 혼인한 관계로 고초를 겪었다.

정약전(丁若銓:1758~1816)
정약용의 둘째형으로 정조 14년(1790) 문과에 급제하고 병조좌랑 등을 역임했다. 정조 사후 흑산도에 유배되어 『자산어보(玆山魚譜)』, 『논어난(論語難)』, 『자산역간(玆山易柬)』, 『송정사의(松政私議)』 등의 저술을 남겼다.

정약종(丁若鍾:1760~1801)
정약용의 막내 형으로 다른 형제들보다 늦게 천주교를 받아들였으나 다른 양반들이 천주교를 버릴 때도 신앙을 굳게 지켰다. 정조 사후 국문을 받고 참수당했다.

이승훈(李承薰:1756~1801)
정조 7년(1783) 말 부친을 따라 베이징에 가서 서양인 신부에게 영세를 받고 이듬해 돌아옴으로써 천주교를 자발적으로 수용한다. 이때 그가 가져온 천주교 서적들은 여러 차례 정국에 파란을 일으켰다. 정약용 형제의 매형이기도 한 그는 1801년 신유박해 때 사형당했다.

이가환(李家煥:1742~1801)
성호 이익의 증손으로 벼슬이 형조판서에 이르렀다. 당대 제일의 천재 학자로 정조와 서양의 과학문명에 대해 대화를 나누기도 했다. 채제공 사후 남인 영수가 되었으나 천주교도라는 공격을 받아 자리에서 물러났다. 천주교를 버렸음을 언행으로 입증했으나 신유박해 때 사형당했다. 저서로 『금대관집(錦帶館集)』이 있다.

이벽(李檗:1754~1785)
정약현의 처남으로 정약용에게 처음으로 천주교를 가르쳐 주었다. 박식했으나 천주교를 접한 후 벼슬을 포기했다. 문중으로부터 강한 배교 압력을 받아오다가 병사했는데, 일각에는 독살설도 있다.

채제공(蔡濟恭:1720~1799)
정조 때의 남인 영수로 좌의정을 지냈다. 정조 때 사도세자 문제를 거론했다가 큰 파문을 일으켰다. 그가 죽고 나서 남인들의 세력이 약화되었다.

홍화보(洪和輔:1726~1791)
정약용의 장인. 영조 47년(1771) 훈련초관으로 국자시(國子試)에 1등했으며 무관으로서는 이례적으로 동부승지에 발탁되기도 했다. 정조 15년(1791년) 황해도 병마절도사로 있을 때 사망했다.

정학연(丁學淵:1783~1859)
정약용의 맏아들로 시문과 의술에 밝았다. 『종축회통(種畜會通)』이란 저서가 있다.

정학유(丁學遊:1786~1855)
정약용의 둘째 아들로 「농가월령가(農家月令歌)」의 작자이기도 하다.

정학초(丁學樵:1791~1807)
정약전의 아들로 학문에 뛰어나 정약용이 학문의 후계자로 삼으려 했으나 17세에 요절했다.

서용보(徐龍輔:1757~1824)
노론 벽파로 정약용을 비롯한 남인들을 공격한다. 영조 때 대사헌 등을 지냈으며 순조 때 우의정으로서 신해박해를 주도하면서 정약용의 석방을 방해했다. 1819년에는 영의정에 오른다.

심환지(沈煥之:1730~1802)
영조 47년(1771) 문과에 급제해 벼슬길에 나온 이후 정조 때 벽파의 영수가 된다. 정조 사후 영의정을 맡아 신유박해를 주도했다.

혜장(惠藏:1772~1811)
젊어서 대둔사의 주지가 되었다. 『주역』을 공부하다가 정약용을 만난 후 다산을 사실상 스승으로 삼았다. 그가 일찍 죽자 정약용이 「아암장공탑명(兒菴藏公塔銘)」을 써주었다.

황사영(黃嗣永:1775~1801)
서울 출신으로 정약현의 딸 명련과 결혼하면서 천주교에 입교한다. 정조 14년(1790) 사마시에 급제한 후 정조의 부름을 받았으나 벼슬을 포기하고 전교에만 전념한다. 은둔지 배론에서 신유박해의 전말을 담은 「백서(帛書)」를 작성해 베이징 주교에게 전달하려다 발각되어 능지처사되었다. 가족들은 모두 노비가 되어 귀양갔으며 그의 집에는 우물이 만들어졌다.

주문모(周文謨:1752~1801)
중국 장쑤성 쑤저우[蘇州] 출신으로 베이징 신학교 졸업 후 정조 18년(1794) 지황 등의 안내로 입국했다. 이후 7년 동안 숨어 다니면서 천주교를 전파했는데, 신유박해 때 국경 부근까지 도망갔다가 되돌아와 의금부에 자수했다. 1801년 새남터에서 군문효수형(軍門梟首刑)으로 순교했다.

제1장
지방관으로

1. 노론의 대공세

제1장 지방관으로 15

그러나 노론에게 이 희대의 천재는 흉역 이잠의 종손일 뿐이었다.

"이런 흉역의 자손에게 인재양성기관을 맡길 수 없소!"

성균관 태학생들은 이가환이 대사성으로 주관하는 시험을 집단으로 거부했다.

시험거부

"남인 대사성을 거부하는 거지."

이에 이가환이 사의를 표하자 정조는 말렸다.

"그자들이 시험에 들어오지 않는 것이 무슨 상관이 있느냐, 더욱 엄히 신칙해서 공정하게 행하라!"

이가환은 정조의 명대로 공정하게 시험을 주관했으나 이런 상태에서 대사성 직책을 제대로 수행할 수가 없었다.

"시험장에 아무도 없네?"

결국 정조는 이가환을 개성 유수로 옮길 수밖에 없었다.

"노론의 저주가 실감나는데…. 허허허."

정조는 그 날 좌의정 채제공에게 고통을 토로했다.

"개성 유수 이가환의 일 때문에 이틀 밤을 자지 못했으나 이는 도리어 한 번의 웃음거리도 못 되오."

제1장 지방관으로 19

정조의 무마로 사태는 수그러들었지만 훗날 정약용은 이가환의 비극을 이 상소에서 비롯된 것이라고 보았다.

이가환의 대사성 임명이 계속 파문을 낳자 정조도 한발 물러나지 않을 수 없었다.

이가환과 정약용에게 천주교를 빗댄 공세가 쏟아지고 있습니다.

나의 좌우에 두고 크게 쓰려 했는데 항상 천주교가 발목을 잡는구나.

이번을 천주교와의 악연을 완전히 끊는 기회로 삼아야겠다.

어떻게?

정조는 이가환과 정약용의 천주교 혐의를 근본적으로 씻을 기회가 필요하다고 판단했다. 정조는 재위 19년(1795) 7월 25일 이들을 좌천시켰다.

이가환을 충주 목사(정3품), 정약용은 금정 찰방(종6품)에 임명한다.

이가환은 2품계가 떨어졌지만 정약용은 무려 7품계가 떨어진 것이다.

제1장 지방관으로

2. 성호 이익 추모 학술대회

금정은 충청도 홍주에 소속된 역원인데, 천주교가 성행하는 내포에 속한 지역답게 역속 대부분이 천주교를 믿고 있었다. 또한 기호 남인들도 적지 않게 살고 있는 지역이다.

정약용은 그 지역의 선비들을 만나 학문을 교류하고,

방산 마을에 숨어 사는 이도명이라는 노인을 찾아 새로운 배움도 청하였다.

부여 여행을 할 수 있을 정도로 금정에서 한가로운 시간을 가질 수 있었던 정약용은 오랜만에 얻은 이 시간을 유용하게 사용할 기회를 찾았다.

이때 지은 「취행가」에는 '긴긴날 하루 종일 한 동이 술에／ 두 사람 마주 앉아 미친듯 취해 있네／ 마시면 취하고 취하면 더욱 마셔'라고 술로 세월을 보내던 심정이 그대로 드러난다.

제1장 지방관으로

3. 이존창을 체포하다

제1장 지방관으로

4. 당초 서학에 물든 자취는 아이의 장난과 같았다

제1장 지방관으로

5. 곡산 부사

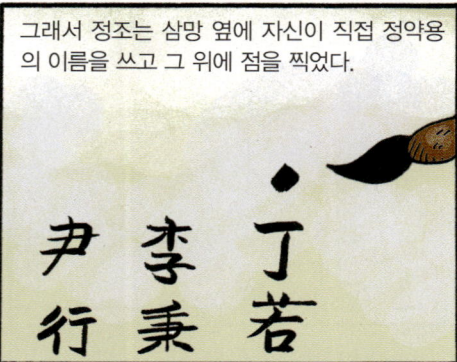

정조가 그를 곡산 부사에 임용한 데는 남다른 뜻이 있었다.

금정 찰방으로 좌천시켰던 이유가 그 지역이 천주교가 성행하던 지역이기 때문이었던 것처럼 곡산 역시 문제 지역이었던 것이다.

더구나 곡산의 문제는 금정과는 질이 달랐다. 소요 지역이었던 것이다.

정약용이 부임 인사를 하러 다닐 때 대신 김이소를 비롯한 모든 여러 벼슬아치들이 이구동성으로 말했다.

삽시간에 천여 명이 모여 이계심을 필두로 곡산 관아로 몰려들었다.

사또는 우리의 억울한 사정 좀 들어주슈!

세금 대느라고 가족들이 굶어죽을 판이오!

아니, 이건 무슨 소리냐!

군포에 불만을 가진 자들이 관아로 모여듭니다.

이런, 역적놈들 같으니. 감히 여기가 어디라고 떼로 몰려드는가!

제1장 지방관으로

제1장 지방관으로 67

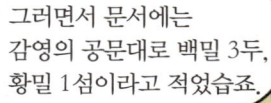

목재 준비를 마친 정약용은 아전과 장교, 그리고 관아에 소속된 노비들에게 알렸다.

"너희들은 이 집이 누구의 집인 줄 아느냐. 나는 내년에 어느 곳에 가 있을지 알지 못하니 이 집의 주인이 아니다."

"백성들이 간혹 뜰에 들어오기는 하지만 비올 때 쉴 수 없는 곳이며,"

"혹 깊은 산골짜기에 사는 자도 종신토록 성에 들어오지 못할 것이니 또한 이 집의 주인이 아니다."

"결국 이 집의 주인은 누구냐? 바로 너희들이 아닌가?"

정약용이 이런 훈계를 한 이유는 관아 건축에 백성들을 동원하지 않기 위해서였다.

"관아를 새로 짓는다면서 우리들은 안 부르네."

"허허, 그럼 아전들 기와 나르는 꼴을 볼 수 있겠네."

이 생각은 처음부터 계획된 것이었다. 그래서 아전, 장교, 노비들이 직접 집을 짓게 하였다.

정약용에 대한 곡산 백성들의 의구심은 사라지고 탐관오리에 찌들어 살던 백성들의 가슴에도 희망이 움트기 시작했다.

제1장 지방관으로

6. 끝없는 사건들

배도는 당나라 문신이고 이소는 무장으로서 감사 조윤대와 병사 정학경의 경우와 같았다.

둘 다 회서 평정에 공을 세웠는데, 이소가 상급자인 배도를 맞이할 때 활통만을 차고서 길 옆에서 절을 했다는 일화가 전해진다.

당나라가 그만큼 무장을 중시했음을 말해주는 고사입니다.

감사께서도 무장의 예를 예로 받아들이셔야 합니다.

흠….

감사 조윤대는 이소와 배도의 고사를 듣고 크게 깨달았다.

정 부사의 말이 정곡을 찌르는구료. 허허.

그래서 자신이 직접 연명을 받아 갈등이 해소되었다.

제2장
구시대로 회귀하다

1. 귀경

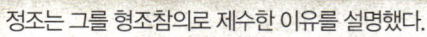

정약용은 40년 전 아버지 정재원이 낙향했던 것처럼 고향 마재로 돌아가기로 결심했다.

가자. 내가 태어나 살던 곳으로.

그때 정재원을 두렵게 했던 사도세자에 대한 노론의 공격은 지금 사도세자가 살해당한 해 태어난 정약용에게로 향하고 있었다.

한강물 흘러흘러 쉬지 않고
삼각산 높고높아 끝이 없도다
산천은 변해 바뀔지라도
당파 짓는 나쁜 버릇 깨부술 날이 없구나
한 사람이 모함을 하면
뭇 입들이 차례로 전파하여
간사한 말들이 사실처럼 되거니
정직한 자 어느 곳에 둥지를 틀랴
외로운 난새는 깃털이 약해
가시 찔림 감당할 수 없기에
구차하게 돛단배 얻어 타고서
멀리 멀리 서울을 떠나리라네

- 하략 -

정약용, 『여유당집』 10권

2. 정조, 의문 속에 사망하다

제2장 구시대로 회귀하다

정조의 죽음은 커다란 충격이었다.

실록에 따르면 그날 삼각산이 울었다고 한다.

그 며칠 전에는 양주와 장단 등의 고을에서 한창 잘 자라던 벼포기가 어느날 갑자기 하얗게 죽었고 얼마 안 되어 대상이 났다.

"이것은 상복을 입는 벼야."

개혁군주 정조가 세상을 떠났던 것이다.

그러나 이는 시작이었다. 정조의 죽음은 신세대가 몰락하고 구세대가 다시 살아나는 반동의 시작이었다.

개방과 다양성의 문은 닫히고 다시 폐쇄와 획일의 시대가 도래하는 순간이었다.

3. 여유당을 지은 뜻

여유당은 『노자』의 '망설이면서 겨울에 냇물을 건너는 것 같이 주저하면서 사방의 이웃을 두려워한다'는 구절에서 따온 말이다.

겨울에 냇물을 건너는 것 같이 주저하면서 사방의 이웃을 두려워한다.

이것을 당호로 삼은 것은 정조 없는 세상을 그가 얼마나 두려워했는지를 잘 말해준다.

정약용은 겨울에 냇물을 건너는 것처럼, 사방의 이웃이 자신을 감시하는 것처럼 매사를 조심했다.

그러나 정약용이 살얼음판을 걷는 것처럼 조심한다고 무사할 수 있는 것은 아니었다.

정조의 죽음으로 얼음판을 깨며 갈퀴가 달려들었기 때문이다.

정조가 죽고 열한 살의 어린 순조가 즉위함에 따라 수렴청정이 논의되었는데

대왕대비 정순왕후 김씨가 맡게 되었다.

정조가 세상을 떠나는 순간을 함께 했던 유일한 인물이 수렴청정을 맡게 된 것이다.

그녀가 정조의 운명을 지켜본 것인지, 소문대로 정조를 살해한 것인지는 그 자신 외에는 아무도 알지 못했다.

그것은 대박해의 시작을 알리는 신호였다.

제2장 구시대로 회귀하다

4. 대박해의 문

노론벽파는 정조의 장례 절차가 끝나기만을 기다렸다.

정조의 시신이 땅에 묻히는 순간 그가 했던 모든 정치행위도 함께 땅에 묻어버릴 계산이었다.

그해 11월 6일 정조는 평소의 희망대로 화성의 현륭원 곁에 묻혔다.

국상도감이 서울로 돌아온 다음날인 11월 8일, 사헌부 장령 이안묵이 수원 유수 서유린 형제를 공격하는 상소를 올렸다.

드디어 노론벽파의 공세가 시작되었구나.

서유린 형제가 8년 전인 정조 16년에 「영남만인소」를 지지한 것을 공격하는 상소라는 점에서 이는 정조의 24년 치세를 모두 부정하는 상소였다.

이들은 사도세자의 모해자를 처벌하라며 정국을 혼란에…

이안묵의 상소는 사도세자의 죽음을 동정하는 시파에 대한 벽파의 전면공세의 시작을 알리는 것이었다.

이제 우리 세상이 되었으니 백배 천배의 앙갚음을 하리라!

제2장 구시대로 회귀하다

제3장
하늘에 속한 사람
정약종

1. 모든 양반이 배교할지라도

제3장 하늘에 속한 사람 정약종 179

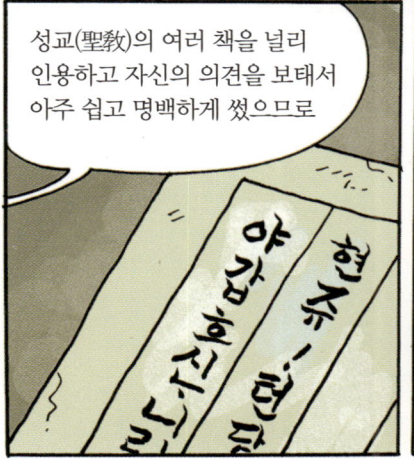

2. 정학으로 알았지 사학으로 알지 않았다

제3장 하늘에 속한 사람 정약종

제3장 하늘에 속한 사람 정약종

곧바로 옥에 갇힌 정약종은 다음날 영중추부사 이병모, 영의정 심환지, 좌의정 이시수, 우의정 서용보를 비롯해 판의금부사 등이 위시한 국청에 끌려갔다.

2년 전인 정조 23년(1799) 5월에도 정약종은 대사헌 신헌조에게 탄핵받은 적이 있었다.

그 소굴 속에 누구나 다 아는 사람을 말하자면, 조정의 벼슬아치로는 이가환이 있고 경기에는 권철신과 정약종 같은 무리가 있습니다.

이들 무리들은 취향은 다르나 길을 같이하고, 얼굴은 다르나 배짱은 맞는 자들로서 일을 해나가는 것이 지극히 흉악하고 헤아리기 어렵습니다.

그리하여 그들에 대한 근심 걱정이 이루 말할 수 없습니다.

그만하라!

미처 다 아뢰기도 전에 정조가 꾸짖었다.

중신이야 본디 사람들의 주목을 받고 있는 사람이다마는

제3장 하늘에 속한 사람 정약종

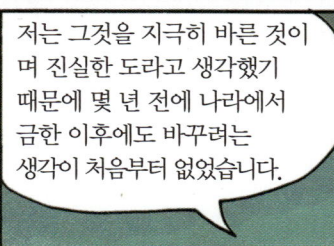

그래서 그런지 망나니의 칼이 빗나가는 바람에 목이 반쯤밖에 잘리지 않았다.

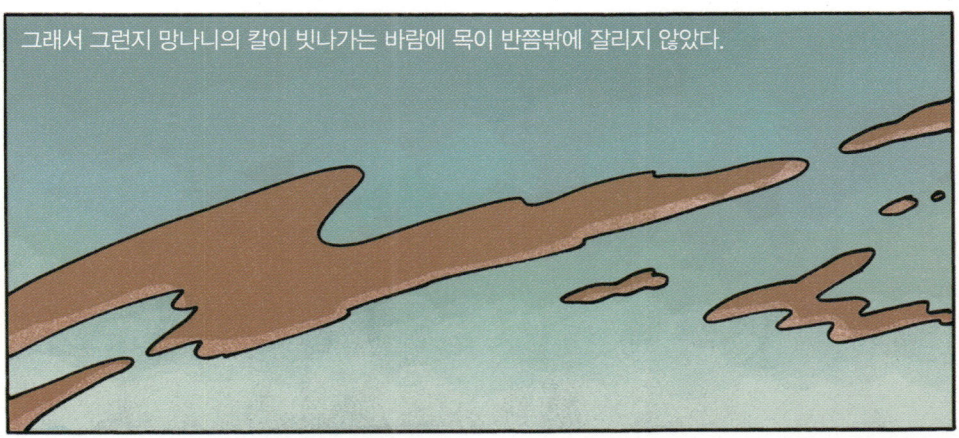

「황사영백서」는 이때 정약종이 '벌떡 일어나 앉아 손을 크게 벌려 십자 성호를 크게 긋고는 조용히 다시 엎드렸다'고 적고 있다.

집안에서 가장 늦게 천주교를 접했으면서도 가장 마지막까지, 그리고 온몸과 마음을 다해 믿었던 정약종은 이렇게 불의한 이 세상을 떠나 그가 바라던 저 세상으로 갔다.

제4장
어둠의 시대

1. 전멸하는 남인들

조정은 주문모가 청국 사람인 것에 놀라 그냥 출국시키려는 움직임도 있었으나 그해 4월 19일 한강의 새남터에서 참형시키는 것으로 결론을 내렸다.

이보슈, 목이 마르니 술 좀 주슈.
말투가 우리나라 사람 같지 않은데.

아, 이 사람은 제주 사람이오!

청나라에 보고하지 않고 종적을 감추려 그를 제주 사람이라고 속였다.

형이 집행된 때는 4월 19일 신시(오후 3시~5시)였다.

주문모는 이로써 조선 땅을 밟은 최초의 외국인 신부이자 최초의 외국인 순교자가 되었다.

제4장 어둠의 시대

이후 전국 각지에서 천주교도들에 대한 인간 사냥이 계속되었다.

아집에 갇혀 변화를 거부했던 경직된 시대, 소아에 갇혀 개방을 거부했던 폐쇄의 시대,

반대 당파를 공격하기 위해 무고한 사람의 목숨을 서슴없이 죽이던 증오의 시대,

자신과 다른 모든 것을 증오했던 불행한 시대의 유산을 한몸에 안고 그들은 죽음을 맞이했다.

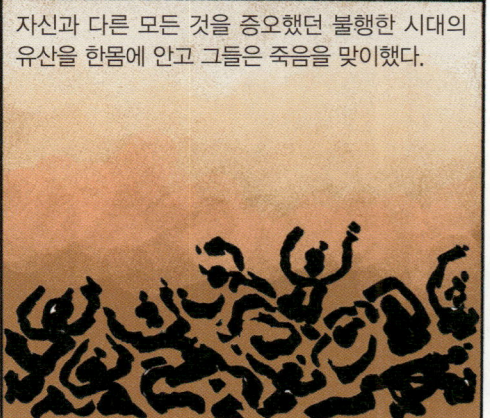

그들의 죽음은 단지 그들만의 죽음이 아니라 새로운 사회를 지향했던 정조 시대의 죽음이기도 했다.

2. 죽음의 땅 국청에서

3. 귀양지 장기에서

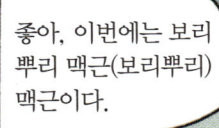

정약용은 자식을 연달아 홍역으로 잃고 나서 그 충격으로 의서를 썼다.

더 이상의 슬픔을 막아야 할 거야.

곡산 부사로 있던 정조 21년(1797) 겨울에 지은 『마과회통』이 그것으로서 홍역에 관한 의서였다.

「종두편」에는 조선 최초로 홍역 예방법인 종두법을 소개하고 있다.

모두들 열심히 일하는데 못사는 이유는 무엇일까?

4. 황사영백서 사건

제4장 어둠의 시대

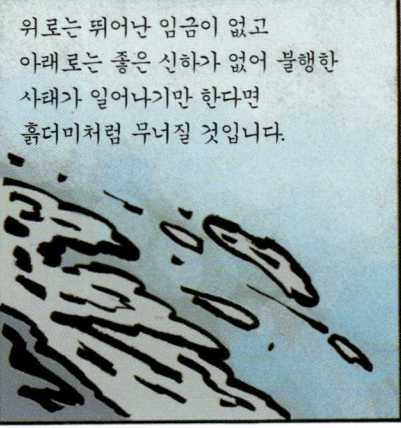

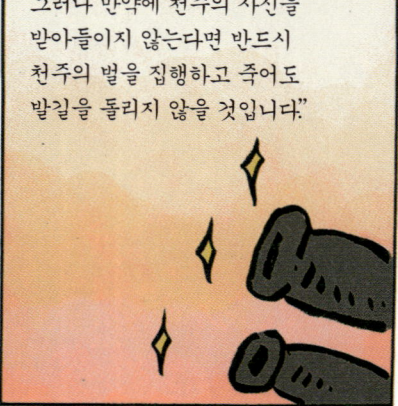